Stephen Janetzko

Ich schenk dir einen Stern
- Das Liederbuch
- 25 Winter- und Weihnachtslieder

Das Liederbuch mit allen Texten, Noten und Gitarrengriffen zum Mitsingen und Mitspielen

Neue Kinderlieder von Stephen Janetzko

Copyright © 2018 Verlag Stephen Janetzko, Erlangen -
www.kinderliederhits.de
Alle Lieder verlegt bei Edition SEEBÄR-Musik Stephen Janetzko, Erlangen
Coverillu: Petra Lefin - Covergrafik: Stephen Janetzko mit Marco Breitenstein
Notensatz, grafische Vorbereitung und Idee: Stephen Janetzko
All rights reserved.

ISBN-13: 9781729450994

Inhaltsverzeichnis

Lied:	Seitenzahl
Ich schenk dir einen Stern – *C-Dur*	4
Kerzen leuchten überall – *D-Dur*	5
Kerzen leuchten überall – *F-Dur*	6
Der Advent ist da – *G-Dur*	7
Der Advent ist da – *C-Dur*	8
Zünd die erste Kerze an – *C-Dur*	9
Weihnachten ist bald (Jingle Bells) – *D-Dur*	10
Weihnachten ist bald (Jingle Bells) – *G-Dur*	11
Nikolaus, komm zu mir nach Haus – *D-Dur*	12
Schnee, Schnee, Schnee – *B-Dur*	13
Schnee, Schnee, Schnee – *C-Dur*	14
Mein bester Freund, mein Engel – *C-Dur*	15
Kommst du mit nach Bethlehem? – *D-Dur*	16
Kommst du mit nach Bethlehem? – *G-Dur*	17
Kommst du mit nach Bethlehem? – *Jesus ist geboren, G-Dur*	18
Sternchen, Sternchen – *C-Dur*	19
Lasst uns auf Engel hören – *F-Dur*	20
Lasst uns auf Engel hören – *G-Dur*	21
Wenn die Tage kürzer werden – *Vokalversion, F-Dur*	22
Wenn die Tage kürzer werden – *Chorversion, F-Dur*	23
Wenn die Tage kürzer werden – *Klavierversion, F-Dur*	24
In der Weihnachtsnacht – *D-Dur*	26
In der Weihnachtsnacht – *F-Dur*	27
Kommt, wir feiern Weihnachten – *D-Dur*	28
Kommt, wir feiern Weihnachten – *F-Dur*	29
Engelchen, Engelchen – *e-moll*	30
Engel fliegen höher - *C-Dur*	31
Mein klitzekleines Weihnachtssternchen - *C-Dur*	32
Hallo, ich bin Maria - *G-Dur*	33
Ein Stern für dich - *D-Dur*	34
Singt mit uns von der Weihnachtsnacht – *D-Dur*	35
Singt mit uns von der Weihnachtsnacht – *F-Dur*	36
Nimm deine Träume - *C-Dur*	37
Ach, Mutti, wann ist es soweit? – *D-Dur*	38
Ach, Mutti, wann ist es soweit? – *G-Dur*	39
Tiere im Winter – *Vokalversion, D-Dur*	40
Tiere im Winter – *Chorversion, D-Dur*	41
Tiere im Winter – *Klavierversion, D-Dur*	42
Frohe Weihnacht - *F-Dur*	44
Mutig, stark und weise - *C-Dur*	45

Zum Liederbuch

Liebe Liederfreunde,
hier kommen 25 neue und bewährte Kinderlieder zur Weihnachtszeit für Kita, Kindergarten, Schule und zu Hause - einige davon sind auch für Kinderchöre gut geeignet. Die Lieder sind in aller Regel gut nachzusingen, leicht lernbar und vielseitig einsetzbar zur schönsten Zeit des Jahres.
Die Themen kreisen hierbei um winterlich-weihnachtliche Themen: Kerzen, Sterne, Engel, Advent, Nikolaus, das Jesuskind, Schnee und die Tiere im Winter.
Erstmalig habe ich dabei alle meine Sternenlieder in einem Liederbuch vereint, da diese immer wieder gerne für kleine Projekte oder Aufführungen gesucht und angefragt werden.
Ein herzliches Dankeschön geht diesmal an Christa Baumann, Elisabeth Bohn, Alexandra Keckeis und Werner Schaube für ihre Liedtexte oder Textideen;
an Elke Bräunling sowie Paul G. Walter für ihre Inspiration und Elkes immer wieder zauberhaften Liedtexte;
an Thomas Kornfeld für die Hilfe, Chor- und Klaviernoten (siehe auch die sehr empfehlenswerte Webseite *www.wirsingenimchor.de*) und die gute Zusammenarbeit mit dem Kinderchor Canzonetta Berlin;
außerdem posthum an Rolf Krenzer (1936-2007) – ich bin sehr dankbar über die vielen schönen Liedtexte, die ich von Dir vertonen durfte!
Die Lieder sind in genau dieser Zusammenstellung separat als CD erhältlich.

Für alle Sänger(innen) und Musiker(innen):
Immer wieder ringe ich mit dem Thema der zum Singen und Spielen richtigen Tonarten. Auf den Aufnahmen der ergänzenden CD findet Ihr sowohl für meine eigene Stimme passend ausgesuchte, eher tiefere Tonarten, aber auch teils recht hoch angesetzte Lieder.
Für das Liederbuch habe ich mich entschlossen, die für mich „fraglichen" Lieder einfach in mehreren Tonarten anzubieten, so dass Ihr selbst aussuchen könnt, was für Eure Bedürfnisse passt und wo Ihr am „besten klingt".
Zusätzlich gibt es für zwei Lieder Chor- und Klaviernoten.

Ich wünsche allen viel Freude beim Singen und Musizieren - bringt die Sterne zum Leuchten und habt eine wundervolle Weihnachtszeit!

Ihr und Euer

Stephen Janetzko

Ich schenk dir einen Stern

Text: Alexandra Keckeis/Stephen Janetzko; Musik: Stephen Janetzko; CD "Ich schenk dir einen Stern"
© Edition SEEBÄR-Musik Stephen Janetzko, www.kinderliederhits.de

2. Schmückt euch mit Sternenstaub, dass sich ein jeder traut.
Lass deine Wünsche frei, sei einfach mit dabei -
Ich singe für die ganze Welt:

Refrain: ... und leuchte weit.
Zwischenteil:

Refrain: Ich schenk dir einen Stern, ob du nah bist oder fern.
Sei ein Licht in dieser Zeit, mach dich bereit und leuchte weit.
Ich schenk dir einen Stern, ob du nah bist oder fern.
Sei ein Licht in dieser Zeit, mach dich bereit
und leuchte weit, und leuchte weit, leuchte weit.

Kerzen leuchten überall

Text: Rolf Krenzer; Musik: Stephen Janetzko; CD "Ich schenk dir einen Stern"
© Edition SEEBÄR-Musik Stephen Janetzko, www.kinderliederhits.de

1. Kerzen leuchten überall durch die dunkle Nacht, künden von dem Kind im Stall, das so froh uns macht, das so froh uns macht.

2. Kerzen leuchten überall. Gott hat wohlbedacht Frieden mit dem Kind im Stall in die Welt gebracht, in die Welt gebracht.

3. Kerzen leuchten überall, und ihr heller Schein leuchtet wie ein Sonnenstrahl in die Welt hinein, in die Welt hinein.

Nachspiel (wenn gewünscht):

Hinweis: hier in D-Dur.

Kerzen leuchten überall

Text: Rolf Krenzer; Musik: Stephen Janetzko; CD "Ich schenk dir einen Stern"
© Edition SEEBÄR-Musik Stephen Janetzko, www.kinderliederhits.de

1. Ker-zen leuch-ten ü-ber-all durch die dun-kle Nacht, kün-den von dem Kind im Stall, das so froh uns macht, das so froh uns macht.

2. Kerzen leuchten überall. Gott hat wohlbedacht
Frieden mit dem Kind im Stall in die Welt gebracht,
in die Welt gebracht.

3. Kerzen leuchten überall, und ihr heller Schein
leuchtet wie ein Sonnenstrahl in die Welt hinein,
in die Welt hinein.

Nachspiel (wenn gewünscht):

Ker-zen leuch-ten ü-ber-all, Ker-zen leuch-ten ü-ber-all,
Ker-zen leuch-ten ü-ber-all, Ker-zen leuch-ten ü-ber-all.

Hinweis: hier in F-Dur.

Der Advent ist da

Text: Rolf Krenzer; Musik: Stephen Janetzko; CD "Ich schenk dir einen Stern"
© Edition SEEBÄR-Musik Stephen Janetzko, www.kinderliederhits.de

Tempo: ca. 168

Wenn wir heimlich Päckchen packen,
abends gerne Nüsse knacken,
wenn wir flüstern, leise tuscheln,
eng uns aneinander kuscheln,
wenn zu Haus beim Plätzchenbacken
alle Leute mit anpacken,
und wenn wir im Kindergarten
auf den Nikolaus dann warten,

wenn vor unsern Fensterscheiben
erste weiße Flocken treiben,
wenn wir Weihnachtspost frankieren
und dann Bratäpfel probieren,
wenn wir basteln, hämmern, schneiden
und die Luft voll Heimlichkeiten,
wenn wir dann zum Christmarkt laufen,
um den Weihnachtsbaum zu kaufen,

singen wir dann immer wieder
all die schönen Weihnachtslieder...,
dann weiß jeder gleich Bescheid:
Der Advent ist da
und die schönste Zeit!

Hinweis: hier in G-Dur.

Der Advent ist da

Text: Rolf Krenzer; Musik: Stephen Janetzko; CD "Ich schenk dir einen Stern"
© Edition SEEBÄR-Musik Stephen Janetzko, www.kinderliederhits.de

Tempo: ca. 168

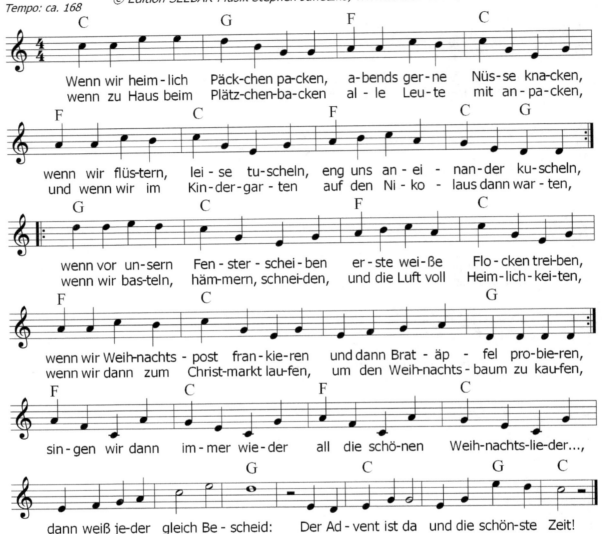

Wenn wir heimlich Päckchen packen,
abends gerne Nüsse knacken,
wenn wir flüstern, leise tuscheln,
eng uns aneinander kuscheln,
wenn zu Haus beim Plätzchenbacken
alle Leute mit anpacken,
und wenn wir im Kindergarten
auf den Nikolaus dann warten,

wenn vor unsern Fensterscheiben
erste weiße Flocken treiben,
wenn wir Weihnachtspost frankieren
und dann Bratäpfel probieren,
wenn wir basteln, hämmern, schneiden
und die Luft voll Heimlichkeiten,
wenn wir dann zum Christmarkt laufen,
um den Weihnachtsbaum zu kaufen,

singen wir dann immer wieder
all die schönen Weihnachtslieder...,
dann weiß jeder gleich Bescheid:
Der Advent ist da
und die schönste Zeit!

Hinweis: hier in C-Dur.

Zünd die erste Kerze an

Text und Musik: Stephen Janetzko; CD "Ich schenk dir einen Stern"
© Edition SEEBÄR-Musik Stephen Janetzko, www.kinderliederhits.de

1. Zünd die erste Kerze an, Gottes Sohn klopft 1 x an. Es steht Weihnacht vor der Tür: Steh jetzt auf und folge mir.

2. Zünd die zweite Kerze an,
Gottes Sohn klopft 2 x an.
Es steht Weihnacht vor der Tür:
Steh jetzt auf und folge mir.

3. Zünd die dritte Kerze an,
Gottes Sohn klopft 3 x an.
Es steht Weihnacht vor der Tür:
Steh jetzt auf und folge mir.

4. Zünd die vierte Kerze an,
Gottes Sohn klopft 4 x an.
Es steht Weihnacht vor der Tür:
Steh jetzt auf und folge mir.

5. Schließlich ist es dann soweit,
öffnet alle Tore breit.
Jeder singet hell und klar:
Jesus Christus ist heut da.

Spielanregung:
"Zünd die erste Kerze an" ist als Adventsspiellied für kleine Gruppen z.B. im Kindergarten oder der Schule gedacht: Alle sitzen im Stuhlkreis, in der Mitte steht der Adventskranz oder ein Stuhl o.ä. Ein Kind beginnt und geht im Kreis um den Kranz.
Alle Kinder zeigen zur 1. Zeile die jeweilige Zahl mit den Fingern an und klopfen nach der 2. Zeile entsprechend oft mit einem Finger auf ihren Stuhl.
Nach der 3. Zeile bleibt das erste Kind stehen und berührt das ihm dann am nächsten stehende Kind mit der Hand auf der Schulter.
Zur 4. Zeile steht das gewählte Kind dann auf, und beide gehen zusammen weiter.
In den weiteren Strophen findet das jeweils "neueste" Kind das nächste.
Zur letzten Strophe stehen alle übrigen Kinder auf. Alle Kinder strecken nun ihre Arme hoch in die Luft und drehen sich dann zu den letzten beiden Zeilen im Kreis.

Weihnachten ist bald (Jingle Bells)

Text: Stephen Janetzko; Musik: trad. (J. Pierpont); CD "Ich schenk dir einen Stern"
© Edition SEEBÄR-Musik Stephen Janetzko, www.kinderliederhits.de

Tempo: ca. 182

2. Oh, was ein schöner Tag! Wir liegen uns im Arm!
   Es ist so bitter kalt, doch innen drin ganz warm.
   Mein schönster Weihnachtstraum ist Frieden für die Welt;
   und Santa Claus, der sagt: Na klar, das wird sogleich erfüllt!

   Refrain: Weihnachten, Weihnachten, Weihnachten ist bald...

3. Genießen wir die Fahrt, der Schlitten fährt ganz sacht.
   Die Bäume grüßen stumm in der Weihnachtsnacht.
   Zu fahren, das macht Spaß, es rieselt leis der Schnee.
   Wir freuen uns, dass Winter ist, und trinken Weihnachtstee!

   Refrain: Weihnachten, Weihnachten, Weihnachten ist bald...

Hinweis: hier in D-Dur.

Weihnachten ist bald (Jingle Bells)

Text: Stephen Janetzko; Musik: trad. (J. Pierpont); CD "Ich schenk dir einen Stern"
© Edition SEEBÄR-Musik Stephen Janetzko, www.kinderliederhits.de

Tempo: ca. 182

2. Oh, was ein schöner Tag! Wir liegen uns im Arm!
   Es ist so bitter kalt, doch innen drin ganz warm.
   Mein schönster Weihnachtstraum ist Frieden für die Welt;
   und Santa Claus, der sagt: Na klar, das wird sogleich erfüllt!

   Refrain: Weihnachten, Weihnachten, Weihnachten ist bald...

3. Genießen wir die Fahrt, der Schlitten fährt ganz sacht.
   Die Bäume grüßen stumm in der Weihnachtsnacht.
   Zu fahren, das macht Spaß, es rieselt leis der Schnee.
   Wir freuen uns, dass Winter ist, und trinken Weihnachtstee!

   Refrain: Weihnachten, Weihnachten, Weihnachten ist bald...

Hinweis: hier in G-Dur.

Nikolaus, Nikolaus, komm zu mir nach Haus

Text: Rolf Krenzer; Musik: Stephen Janetzko; CD "Ich schenk dir einen Stern"
© Edition SEEBÄR-Musik Stephen Janetzko, www.kinderliederhits.de

1. Nikolaus, Nikolaus, komm zu mir nach Haus.
Schau so lang schon nach dir aus, halt' es nicht mehr länger aus.
Nikolaus, Nikolaus, komm zu mir nach Haus.

2. Nikolaus, Nikolaus, komm zu mir nach Haus.
Stelle meine Schuh´ heraus!
Findest du auch unser Haus?
Nikolaus, Nikolaus, komm zu mir nach Haus.

3. Nikolaus, Nikolaus, komm zu mir nach Haus.
Sag, hast du an mich gedacht
und mir etwas mitgebracht?
Nikolaus, Nikolaus, komm zu mir nach Haus.

Schnee, Schnee, Schnee

Text und Musik: Stephen Janetzko; CD "Ich schenk dir einen Stern"
© Edition SEEBÄR-Musik Stephen Janetzko, www.kinderliederhits.de

Refrain: Schnee, Schnee, Schnee...

2. Schneemann, Schneemann, 1- 2 - 3. Geh doch nicht so schnell vorbei
- schenk mir einen Tanz, schenk mir einen Tanz
und bleib ein bisschen hier und bleib ein bisschen hier.

Refrain: Schnee, Schnee, Schnee...

3. Schneemann, Schneemann, 1- 2 - 3. Geh doch nicht so schnell vorbei
- wir wolln bei dir sein, wir wolln bei dir sein,
drum bleib ein bisschen hier, drum bleib ein bisschen hier.

Refrain: Schnee, Schnee, Schnee...

4. Schneemann, Schneemann, 1- 2 - 3. Geh doch nicht so schnell vorbei
- Winter ist so kurz, Winter ist so kurz,
drum bleib ein bisschen hier, drum bleib ein bisschen hier.

Refrain: Schnee, Schnee, Schnee...

5. Schneemann, Schneemann, 1- 2 - 3. Geh doch nicht so schnell vorbei
- du willst doch nicht fort, du willst doch nicht fort,
komm, bleib ein bisschen hier, komm, bleib ein bisschen hier.

Refrain: Schnee, Schnee, Schnee...

Hinweis: hier in B-Dur.

Schnee, Schnee, Schnee

Text und Musik: Stephen Janetzko; CD "Ich schenk dir einen Stern"
© Edition SEEBÄR-Musik Stephen Janetzko, www.kinderliederhits.de

Refrain: Schnee, Schnee, Schnee...

2. Schneemann, Schneemann, 1-2-3. Geh doch nicht so schnell vorbei
- schenk mir einen Tanz, schenk mir einen Tanz
und bleib ein bisschen hier und bleib ein bisschen hier.

Refrain: Schnee, Schnee, Schnee...

3. Schneemann, Schneemann, 1-2-3. Geh doch nicht so schnell vorbei
- wir wolln bei dir sein, wir wolln bei dir sein,
drum bleib ein bisschen hier, drum bleib ein bisschen hier.

Refrain: Schnee, Schnee, Schnee...

4. Schneemann, Schneemann, 1-2-3. Geh doch nicht so schnell vorbei
- Winter ist so kurz, Winter ist so kurz,
drum bleib ein bisschen hier, drum bleib ein bisschen hier.

Refrain: Schnee, Schnee, Schnee...

5. Schneemann, Schneemann, 1-2-3. Geh doch nicht so schnell vorbei
- du willst doch nicht fort, du willst doch nicht fort,
komm, bleib ein bisschen hier, komm, bleib ein bisschen hier.

Refrain: Schnee, Schnee, Schnee...

Hinweis: hier in C-Dur.

Mein bester Freund, mein Engel

Text: Christa Baumann; Musik: Stephen Janetzko; CD "Ich schenk dir einen Stern"
© Edition SEEBÄR-Musik Stephen Janetzko, www.kinderliederhits.de

2. Ich fühle manchmal einen Hauch,
der streicht mir übers Haar.
Dann halte ich beim Spielen ein
und weiß, du bist mir nah.

Refrain: Mein bester Freund, mein Engel....

3. Ob Regen oder Sonnenschein,
ob nah, unendlich weit,
begleitest du mich Tag für Tag
und gibst mir Sicherheit.

Refrain: Mein bester Freund, mein Engel....

4. Lieg abends ich in meinem Bett,
dann fühle ich es sacht:
dein Flügel streichelt mein Gesicht,
sagt leise "Gute Nacht".

Refrain: Mein bester Freund, mein Engel....

Kommst du mit nach Bethlehem?

Text und Musik: Stephen Janetzko; CD "Ich schenk dir einen Stern"
© Edition SEEBÄR-Musik Stephen Janetzko, www.kinderliederhits.de

1. Kommst du mit nach Beth-le-hem? Willst du mit zum Christ-kind gehn?
Kommst du mit nach Beth-le-hem? Willst das Christ-kind sehn?
(Kinder gehen auf der Stelle und winken uns herbei)

2. Gott hat seinen Sohn gesandt,
hell erstrahlt das ganze Land.
Gott hat seinen Sohn gesandt,
hell erstrahlt das Land.
(Eine große Sonne in den Himmel malen)

3. Menschen, kommt von nah und fern
Folget nur dem hellen Stern.
Menschen, kommt von nah und fern
Folget nur dem Stern.
(Ein Kind trägt den Stern, die anderen Kinder folgen ihm)

4. In der Krippe, zart und fein
liegt das kleine Jesulein.
In der Krippe, zart und fein
liegt das Jesulein.
(Alle tun, als würden sie das Christkind wiegen)

5. Kniet euch nieder vor dem Kind,
das als König euch bestimmt.
Kniet euch nieder vor dem Kind,
das euch ist bestimmt.
(Alle knien nieder)

6. Glocken klingen fern und nah,
Weihnachtszeit ist endlich da.
Glocken klingen fern und nah,
Weihnachtszeit ist da.
(Kinder läuten Glocken)

Spielanleitung jeweils unter den Strophen.
Die Strophen können eventuell auch einzeln
bei der Aufführung eines Krippenspiels an den
passenden Stellen gesungen werden.
Besonders schön, wenn man von Strophe zu
Strophe Tonart-Sprünge einbaut, z.B. auf
C-Dur starten, dann über D, E, F, G bis hin
zu A-Dur (oder nur jede 2. Strophe z.B. von
C-Dur über E-Dur nach G-Dur).

Hinweis: hier in D-Dur.

Kommst du mit nach Bethlehem?

Text und Musik: Stephen Janetzko; CD "Ich schenk dir einen Stern"
© Edition SEEBÄR-Musik Stephen Janetzko, www.kinderliederhits.de

1. Kommst du mit nach Bethlehem? Willst du mit zum Christkind gehn?
Kommst du mit nach Bethlehem? Willst das Christkind sehn?
(Kinder gehen auf der Stelle und winken uns herbei)

2. Gott hat seinen Sohn gesandt,
hell erstrahlt das ganze Land.
Gott hat seinen Sohn gesandt,
hell erstrahlt das Land.
(Eine große Sonne in den Himmel malen)

3. Menschen, kommt von nah und fern
Folget nur dem hellen Stern.
Menschen, kommt von nah und fern
Folget nur dem Stern.
(Ein Kind trägt den Stern, die anderen Kinder folgen ihm)

4. In der Krippe, zart und fein
liegt das kleine Jesulein.
In der Krippe, zart und fein
liegt das Jesulein.
(Alle tun, als würden sie das Christkind wiegen)

5. Kniet euch nieder vor dem Kind,
das als König euch bestimmt.
Kniet euch nieder vor dem Kind,
das euch ist bestimmt.
(Alle knien nieder)

6. Glocken klingen fern und nah,
Weihnachtszeit ist endlich da.
Glocken klingen fern und nah,
Weihnachtszeit ist da.
(Kinder läuten Glocken)

Spielanleitung jeweils unter den Strophen.
Die Strophen können eventuell auch einzeln
bei der Aufführung eines Krippenspiels an den
passenden Stellen gesungen werden.
Besonders schön, wenn man von Strophe zu
Strophe Tonart-Sprünge einbaut, z.B. auf
C-Dur starten, dann über D, E, F, G bis hin
zu A-Dur (oder nur jede 2. Strophe z.B. von
C-Dur über E-Dur nach G-Dur).

Hinweis: hier in G-Dur.

Jesus ist geboren
(Kommst du mit nach Bethlehem?)

Text und Musik: Stephen Janetzko;
© Edition SEEBÄR-Musik Stephen Janetzko, www.kinderliederhits.de

1. Kommst du mit nach Bethlehem? Willst du mit zum Christkind gehn?
Kommst du mit nach Bethlehem? Willst das Christkind sehn?

Refrain: Jesus ist geboren! Dort in einem Stall! Jesus ist geboren! Freut euch überall!

2. Gott hat seinen Sohn gesandt, hell erstrahlt das ganze Land.
Gott hat seinen Sohn gesandt, hell erstrahlt das Land.

Refrain: Jesus ist geboren...

3. Menschen, kommt von nah und fern, folget nur dem hellen Stern.
Menschen, kommt von nah und fern, folget nur dem Stern.

Refrain: Jesus ist geboren...

4. In der Krippe, zart und fein, liegt das kleine Jesulein.
In der Krippe, zart und fein, liegt das Jesulein.

Refrain: Jesus ist geboren...

5. Kniet euch nieder vor dem Kind, das als König euch bestimmt.
Kniet euch nieder vor dem Kind, das euch ist bestimmt.

Refrain: Jesus ist geboren...

6. Glocken klingen fern und nah, Weihnachtszeit ist endlich da.
Glocken klingen fern und nah, Weihnachtszeit ist da.

Refrain: Jesus ist geboren...

Hinweis: hier in G-Dur in einer alternativen Fassung mit einem zusätzlichen Refrain.

Sternchen, Sternchen

Text: Elke Bräunling, Musik: Stephen Janetzko; CD "Ich schenk dir einen Stern"
© Edition SEEBÄR-Musik Stephen Janetzko, www.kinderliederhits.de

2. Das kleine Sternchen lacht sehr gern
zum Mond und auch zu jedem Stern.
Es schickt uns seine Fröhlichkeit
so durch die Nacht und Dunkelheit
mit Funkelstrahlen, oh, wie schön
ist dieses Lachen anzusehn.

Refrain.

3. Blickst du des Nachts zum Himmel auf,
blinkt es dir zu auf seinem Lauf.
Du winkst zurück und fühlst dich leicht.
Sein Lachen hat dich nun erreicht
und du rufst froh: „Wie ist es schön,
das Sternchen jede Nacht zu sehn.

Refrain.

Lasst uns auf Engel hören

Text: Werner Schaube; Musik: Stephen Janetzko; CD "Ich schenk dir einen Stern"
© Edition SEEBÄR-Musik Stephen Janetzko, www.kinderliederhits.de

(1.) Lasst uns auf den Engel hören,
(2.) der uns schickt zum Stall.
(3.) Uns wird dort ein Kind bescheren:
(4.) Gott ist überall!

Hinweis: Als Kanon bis zu 4 Stimmen.

Spielanregung: Zu den einzelnen Zeilen können wir folgende Bewegungen machen:
-> Lasst uns...: Beide Arme (Handinnenfläche oben) ausgestreckt nach vorne strecken
-> auf den Engel hören: Beide Hände aus dieser Position heraus zu den Ohren führen ("Ohren vergrößern")
-> der uns schickt zum Stall: Auf der Stelle gehen
-> Uns wird dort ein Kind bescheren: Das (imaginäre) Jesukind in den Armen wiegen
-> Gott ist überall: Mit beiden ausgestreckten Armen/Händen eine große Weltkugel/Sonne malen

Sehr schön wird es, wenn wir das Lied im Kanon singen und dazu die Bewegungen durchführen.

Hinweis: hier in F-Dur.

Lasst uns auf Engel hören

Text: Werner Schaube; Musik: Stephen Janetzko; CD "Ich schenk dir einen Stern"
© Edition SEEBÄR-Musik Stephen Janetzko, www.kinderliederhits.de

(1.) Lasst uns auf den Engel hören,
(2.) der uns schickt zum Stall.
(3.) Uns wird dort ein Kind bescheren:
(4.) Gott ist überall!

Hinweis: Als Kanon bis zu 4 Stimmen.

Spielanregung: Zu den einzelnen Zeilen können wir folgende Bewegungen machen:
-> Lasst uns...: Beide Arme (Handinnenfläche oben) ausgestreckt nach vorne strecken
-> auf den Engel hören: Beide Hände aus dieser Position heraus zu den Ohren führen ("Ohren vergrößern")
-> der uns schickt zum Stall: Auf der Stelle gehen
-> Uns wird dort ein Kind bescheren: Das (imaginäre) Jesuskind in den Armen wiegen
-> Gott ist überall: Mit beiden ausgestreckten Armen/ Händen eine große Weltkugel/Sonne malen

Sehr schön wird es, wenn wir das Lied im Kanon singen und dazu die Bewegungen durchführen.

Hinweis: hier in G-Dur.

Wenn die Tage kürzer werden

Text: Stephen Janetzko, Musik: Thomas Kornfeld; CD "Ich schenk dir einen Stern"
© Edition SEEBÄR-Musik Stephen Janetzko, www.kinderliederhits.de

Tempo: ca. 102

1. Wenn die Ta-ge kür-zer wer-den, sich die Son-ne kaum mehr zeigt, dann be-

ginnt bei uns auf Er-den ei-ne ganz be-son-dre Zeit, dann be-ginnt bei uns auf

Er-den ei-ne ganz be-son-dre Zeit. Seht, es brin-gen hel-le Ker-zen
Licht in al-le Men-schen-her-zen.

Und wir sin-gen wie-der alt-ver-trau-te Weih-nachts-lie-der. Und wir

sin-gen im-mer wie-der alt-ver-trau-te Weih-nachts-lie-der.

2. Und das Haus hat Heimlichkeiten -
fühl den Zauber in der Luft!
Weihnachtsfreude darf sich zeigen -
überall ist Plätzchenduft!
Weihnachtsfreude darf sich zeigen -
überall ist Plätzchenduft!
Seht, es bringen helle Kerzen
Licht in alle Menschenherzen.
Und wir singen wieder
altvertraute Weihnachtslieder.
Und wir singen immer wieder
altvertraute Weihnachtslieder.

3. Öffne Türen! Suche Wahres!
Frag in Dunkelheit nach Sinn.
In der schönsten Zeit des Jahres
schau getrost zur Krippe hin.
In der schönsten Zeit des Jahres
schau getrost zur Krippe hin.
Seht, es bringen helle Kerzen
Licht in alle Menschenherzen.
Und wir singen wieder
altvertraute Weihnachtslieder.
Und wir singen immer wieder
altvertraute Weihnachtslieder.

Wenn die Tage kürzer werden

Text: Stephen Janetzko
Musik: Thomas Kornfeld

1. Wenn die Tage kürzer werden,
sich die Sonne kaum noch zeigt,
||: dann beginnt bei uns auf Erden
eine ganz besondre Zeit. :||
Seht, es bringen helle Kerzen
Licht in alle Menschenherzen.
Und wir singen wieder
altvertraute Weihnachtslieder.
Und wir singen immer wieder
altvertraute Weihnachtslieder.

2. Und das Haus hat Heimlichkeiten-
fühl den Zauber in der Luft!
||: Weihnachtsfreude darf sich zeigen -
überall ist Plätzchenduft. :||
Seht, es bringen...

3. Öffne Türen! Suche Wahres!
Frag in Dunkelheit nach Sinn.
||:In der schönsten Zeit des Jahres
schau getrost zur Krippe hin. :||
Seht, es bringen...

Hinweis: hier in einer Version für Chöre.

Wenn die Tage kürzer werden

Text: Stephen Janetzko
Musik: Thomas Kornfeld

Wenn die Tage kürzer werden

1. Wenn die Tage kürzer werden,
sich die Sonne kaum noch zeigt,
||: dann beginnt bei uns auf Erden
eine ganz besondre Zeit. :||
Seht, es bringen helle Kerzen
Licht in alle Menschenherzen.
Und wir singen wieder
altvertraute Weihnachtslieder.
Und wir singen immer wieder
altvertraute Weihnachtslieder.

2. Und das Haus hat Heimlichkeiten-
fühl den Zauber in der Luft!
||: Weihnachtsfreude darf sich zeigen -
überall ist Plätzchenduft. :||
Seht, es bringen...

3. Öffne Türen! Suche Wahres!
Frag in Dunkelheit nach Sinn.
||:In der schönsten Zeit des Jahres
schau getrost zur Krippe hin. :||
Seht, es bringen...

Hinweis: hier in einer Version für Klavier.

In der Weihnachtsnacht

Text: Rolf Krenzer; Musik: Stephen Janetzko; CD "Ich schenk dir einen Stern"
© Edition SEEBÄR-Musik Stephen Janetzko, www.kinderliederhits.de

2. In der Weihnachtsnacht gibt es viele Lieder.
Wenn das Licht erwacht, singen wir sie wieder.
Was geschah und heut geschieht, kündet uns das Lied.
Was geschah und heut geschieht, kündet uns das Lied.

3. In der Weihnachtsnacht ward das Kind geboren,
das uns Gott gebracht, als wir fast verloren,
weil uns Gott von Herzen liebt und uns so viel gibt,
weil uns Gott von Herzen liebt und uns so viel gibt.

4. Macht euch drum bereit. Lasst das Licht auf Erden
heut für alle Zeit uns zum Zeichen werden,
dass Gott immer bei uns ist und uns nie vergisst,
dass Gott immer bei uns ist und uns nie vergisst.

Hinweis: hier in D-Dur.

In der Weihnachtsnacht

Text: Rolf Krenzer; Musik: Stephen Janetzko; CD "Ich schenk dir einen Stern"
© Edition SEEBÄR-Musik Stephen Janetzko, www.kinderliederhits.de

2. In der Weihnachtsnacht gibt es viele Lieder.
Wenn das Licht erwacht, singen wir sie wieder.
Was geschah und heut geschieht, kündet uns das Lied.
Was geschah und heut geschieht, kündet uns das Lied.

3. In der Weihnachtsnacht ward das Kind geboren,
das uns Gott gebracht, als wir fast verloren,
weil uns Gott von Herzen liebt und uns so viel gibt,
weil uns Gott von Herzen liebt und uns so viel gibt.

4. Macht euch drum bereit. Lasst das Licht auf Erden
heut für alle Zeit uns zum Zeichen werden,
dass Gott immer bei uns ist und uns nie vergisst,
dass Gott immer bei uns ist und uns nie vergisst.

Hinweis: hier in F-Dur.

Kommt, wir feiern Weihnachten

Text und Musik: Stephen Janetzko; CD "Ich schenk dir einen Stern"
© Edition SEEBÄR-Musik Stephen Janetzko, www.kinderliederhits.de

1. Kommt, wir feiern Weihnachten, zündet alle Lichter an. Kommt, wir feiern Weihnachten, fangt das Fest nun an! Refrain: Lasst uns singen, heißa, es ist Weihnachtszeit. Lasst uns singen, bald ist es soweit. bald ist es soweit.

Refrain: Lasst uns singen...

3. Seht, die zweite Kerze brennt, esst ein Spekulatius.
   Seht, die zweite Kerze brennt, welch ein Hochgenuss!

Refrain: Lasst uns singen...

4. Seht, die dritte Kerze brennt, packt schnell die Geschenke ein.
   Seht, die dritte Kerze brennt, bald wird Weihnacht sein!

Refrain: Lasst uns singen...

5. Seht, die vierte Kerze brennt, hell erstrahlt der Lichterkranz.
   Seht, die vierte Kerze brennt, weihnachtlicher Glanz!

Refrain: Lasst uns singen...

6. Seht, der Baum, das Licht, es brennt, Heiligabend feiern wir.
   Seht, der Baum, das Licht, es brennt, heute, jetzt und hier!

Refrain: Lasst uns singen, heißa, es ist Weihnachtszeit.
Lasst uns singen, heut´ ist es soweit!

7. Kommt, wir feiern Weihnachten... (wie 1.)

Refrain: Lasst uns singen, heißa, es ist Weihnachtszeit.
Lasst uns singen, heut´ ist es soweit!

Hinweis: hier in D-Dur.

Kommt, wir feiern Weihnachten

Text und Musik: Stephen Janetzko; CD "Ich schenk dir einen Stern"
© Edition SEEBÄR-Musik Stephen Janetzko, www.kinderliederhits.de

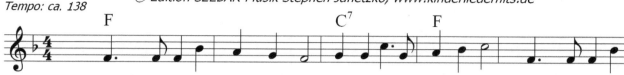
1. Kommt, wir fei-ern Weih-nach-ten, zün-det al-le Lich-ter an. Kommt, wir fei-ern

Weih-nach-ten, fangt das Fest nun an! Refrain: Lasst uns sin-gen, hei-ßa, es ist

Weih-nachts-zeit. Lasst uns sin-gen, bald ist es so - weit. bald ist es so - weit.

Refrain: Lasst uns singen...

3. Seht, die zweite Kerze brennt, esst ein Spekulatius.
   Seht, die zweite Kerze brennt, welch ein Hochgenuss!

Refrain: Lasst uns singen...

4. Seht, die dritte Kerze brennt, packt schnell die Geschenke ein.
   Seht, die dritte Kerze brennt, bald wird Weihnacht sein!

Refrain: Lasst uns singen...

5. Seht, die vierte Kerze brennt, hell erstrahlt der Lichterkranz.
   Seht, die vierte Kerze brennt, weihnachtlicher Glanz!

Refrain: Lasst uns singen...

6. Seht, der Baum, das Licht, es brennt, Heiligabend feiern wir.
   Seht, der Baum, das Licht, es brennt, heute, jetzt und hier!

Refrain: Lasst uns singen, heißa, es ist Weihnachtszeit.
Lasst uns singen, heut´ ist es soweit!

7. Kommt, wir feiern Weihnachten... (wie 1.)

Refrain: Lasst uns singen, heißa, es ist Weihnachtszeit.
Lasst uns singen, heut´ ist es soweit!

Hinweis: hier in F-Dur.

Engelchen, Engelchen

Text und Musik: Stephen Janetzko; CD "Ich schenk dir einen Stern"
© Edition SEEBÄR-Musik Stephen Janetzko, www.kinderliederhits.de
Tempo: ca. 168

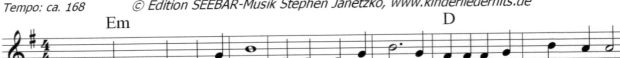
Refrain: Ich bin nicht al-lein, ich bin nicht al-lein, ich ha-be ei-nen Schutz-en-gel,

der will bei mir sein. 1. En-gel-chen, En-gel-chen, flieg hoch ü-ber Land und Meer.

Komm zu mir her, komm zu mir her! her!

Refrain: Ich bin nicht allein...

2. Engelchen, Engelchen, flieg hoch
über Stock und Stein
in mein Haus hinein, in mein Haus hinein!

Refrain: Ich bin nicht allein...

3. Engelchen, Engelchen, flieg hoch,
schütz Mensch und Tier;
bleib jetzt bei mir, bleib immer hier!

Refrain: Ich bin nicht allein...

Spielanregung: Ein ruhiges Schutzlied für alle Zeit.
Auch zur Entspannung und als Gutenachtlied.

Engel fliegen höher

Text und Musik: Stephen Janetzko; CD "Ich schenk dir einen Stern"
© Edition SEEBÄR-Musik Stephen Janetzko, www.kinderliederhits.de

1. Manch-mal schau ich zum Him-mel rauf, als sä-he ich sie schwe-ben; als hät-te ich sie auf-ge-schreckt ge-ra-de-wegs ins Le-ben.
Hier un-ten sind sie gut ge-tarnt man meint fast ein-ge-schla-fen. Ich hö-re Po-si-ti-ves kaum, man re-det von Be-stra-fen.

Refrain: En-gel flie-gen hö-her, En-gel flie-gen weit — Freund-li-che Be-glei-ter, blei-ben im-mer bei dir — Jetzt und al-le Zeit. Zeit.

2. Ich glaub sie haben es recht schwer
bei uns auf unsrer Erde.
Statt Glück und Mut und Zuversicht
erhalten sie Beschwerde.
Es übt sich niemand in Geduld,
es gibt zuviel Gedrängel.
Fang du als erster wieder an,
hab Mut und sei ein Engel.

Refrain (2x)

3. Mit Mut, da ist es gar nicht schwer
sie alle aufzuwecken,
dann kann man sie auf unsrer Welt
auch schnell wieder entdecken.
Und schau ich jetzt zum Himmel rauf,
dann sehe ich sie schweben,
so viele tausend Engelein
sind mittendrin im Leben.

Refrain (2x)

Mein klitzekleines Weihnachtssternchen

Text: Elke Bräunling, Musik: Stephen Janetzko; CD "Ich schenk dir einen Stern"
© Edition SEEBÄR-Musik Stephen Janetzko, www.kinderliederhits.de

Tempo: ca. 130

1. Ein klitzekleines Weihnachtssternchen hängt am Fenster, strahlt mich an,
und es schickt mir schöne Träume, dass ich nachts gut schlafen kann.

2. Das klitzekleines Weihnachtssternchen habe ich gefunden heut
auf der Bank in unserm Garten. Ach, ich hab mich so gefreut!

Refrain: Mein Weihnachtssternchen leuchtet weit am Fenster in der Weihnachtszeit.
Es lacht die Menschen draußen an, damit sich jeder freuen kann.

3. Mein klitzekleines Weihnachtssternchen
schimmert in die Nacht hinaus
in den Garten und zur Straße
bis zu dir ins Nachbarhaus.

4. Das klitzekleine Weihnachtssternchen
winkt den Himmelssternen zu,
schenkt dem Mond ein helles Blinken
in der Zeit der Abendruh'.

Refrain.

5. Die klitzekleinen Weihnachtssternchen
suchen Platz bei jedem Kind,
weil sie im Advent so gerne
in der Welt der Kinder sind.

Refrain.

Hallo, ich bin Maria

Text: Elisabeth Bohn/Stephen Janetzko; Musik: Stephen Janetzko; CD "Ich schenk dir einen Stern"
© Edition SEEBÄR-Musik Stephen Janetzko, www.kinderliederhits.de

1. Hal-lo, ich bin Ma-ri-a und wohn in Na-za-reth.
Ich hab heut sehr viel Ar-beit, weil ich hei-ra-ten werd!

(Alle:) Wer kennt mich? Wer kennt mich? Wer weiß denn, wer ich bin? wer ich bin?

2. Und ich, ich bin der Josef,
geborn in Bethlehem.
Ich liebe die Maria
und möchte mit ihr leb`n.
Alle:
Wer kennt mich? Wer kennt mich?
Wer weiß denn, wer ich bin?

3. Ich bin der Engel Gabriel,
hört zu, ihr lieben Leut!
Maria kriegt ein Baby,
schon bald ist es soweit!
Alle:
Wer kennt mich? Wer kennt mich?
Wer weiß denn, wer ich bin?

4. Ich, Josef, werd gerufen
ich muss nach Bethlehem.
Augustus zählt die Menschen,
Maria, komm, wir gehn!
Alle:
Wer kennt uns? Wer kennt uns?
Wer weiß denn, wer wir sind?

5. Wir suchen uns ein Gasthaus
zum Schlafen und zum Ruhn.
Belegt sind alle Zimmer,
was sollen wir jetzt tun?
Alle:
Wer hilft uns? Wer hilft uns?
Wer weiß, was wir jetzt tun?

6. Wir finden einen Stall nur,
im Stroh soll es geschehn.
Maria bringt ihr Kind zur Welt,
und alle wolln es sehn!
Alle:
Wer kennt es? Wer kennt es?
Wer weiß denn, wie es heißt?

Spielanleitung „Hallo, ich bin Maria" (von Christa Baumann):
Dieses Spiellied bietet die Möglichkeit, die Weihnachtsgeschichte als Rollenspiel aufzuführen.
Auch ohne musikalische Begleitung ist dieses Lied leicht singbar! Mit einfachen Mitteln
lassen sich Kostüme herstellen. Zwischen den Strophen greift ein Erzähler die Vorstellung
der jeweiligen Person auf und schmückt diese aus.
Maria und Josef warten auf einer Seite der Bühne, der Engel auf der anderen Seite.
Im Hintergrund liegt ein Ballen Stroh, eine Futterkrippe mit Stroh o.ä.
Für die Zuschauer nicht sichtbar außerdem eine Puppe, die in ein Tuch gewickelt ist.
In den Strophen:
1. Maria erscheint, sie trägt ein großes Tuch über Kopf und Schultern.
2. Joseph bringt Stechbeitel, Holzraspel o.ä. mit und trägt einen Hut. Er tritt zu Maria.
3. Der Engel geht zu den beiden, er trägt ein weißes Nachthemd und eventuell Flügel
4. Josef erklärt Maria die Situation
5. Beide gehen zusammen auf der Bühne hin und her
6. Sie gehen zum Stroh, Maria setzt sich, holt das Kind hervor und wiegt es in ihrem Armen.

Ein Stern für dich

Text: Elke Bräunling, Musik: Stephen Janetzko; CD "Ich schenk dir einen Stern"
© Edition SEEBÄR-Musik Stephen Janetzko, www.kinderliederhits.de

2. Ich klebe einen Stern für mich aus Stroh ans Fenster im Advent.
Und dieser Stern, er strahlt für dich, wenn das Adventslicht dazu brennt.

Refrain.

3. Ich male Sterne für die Welt, für jeden, der ihr Funkeln liebt.
Weil jeder Stern mit seinem Licht den Menschen Liebe, Freude gibt.

Singt mit uns von der Weihnachtsnacht

Text: Rolf Krenzer; Musik: Stephen Janetzko; CD "Ich schenk dir einen Stern"
© Edition SEEBÄR-Musik Stephen Janetzko, www.kinderliederhits.de

2. Es gab auch Hirten in dieser Nacht, die hielten bei den Schafen Wacht.
Da haben die Engel ihnen verkündet, wo man das Kind in der Krippe findet,
das Gott in die Welt zu uns gesandt. So kam es, dass es ein jeder fand.

Refrain.

3. Drei weise Herrn kamen dann von fern und folgten froh dem hellen Stern.
Sie suchten den König, den Gott verheißen, und nirgends ließen sie sich abweisen.
Sie fragten jeden und überall. So kamen sie zu dem Kind im Stall.

Refrain.

4. Wie jeder im Stall sich einst gefreut, so freuen wir uns alle heut.
Gott hat uns den eigenen Sohn gegeben. Er schenkt uns Liebe und neues Leben.
Wir feiern Weihnachten Jahr für Jahr und denken daran, wie`s damals war.

Refrain.

Hinweis: hier in D-Dur.

Singt mit uns von der Weihnachtsnacht

Text: Rolf Krenzer; Musik: Stephen Janetzko; CD "Ich schenk dir einen Stern"
© Edition SEEBÄR-Musik Stephen Janetzko, www.kinderliederhits.de

Refrain: Singt mit uns von der Weihnachtsnacht. Da wurde das Kind zur Welt gebracht. Und viele begrüßten es schon in der Nacht, in der Nacht. Das Kind, es war Gottes Sohn.

1. In Bethlehem gab`s kein Zimmer mehr. Ein alter Stall stand nur noch leer. Maria und Josef sind angekommen. Der alte Stall hat sie aufgenommen. So wurde das Kind zur Welt gebracht, hier in dem Stall mitten in der Nacht.

2. Es gab auch Hirten in dieser Nacht, die hielten bei den Schafen Wacht.
Da haben die Engel ihnen verkündet, wo man das Kind in der Krippe findet,
das Gott in die Welt zu uns gesandt. So kam es, dass es ein jeder fand.

Refrain.

3. Drei weise Herrn kamen dann von fern und folgten froh dem hellen Stern.
Sie suchten den König, den Gott verheißen, und nirgends ließen sie sich abweisen.
Sie fragten jeden und überall. So kamen sie zu dem Kind im Stall.

Refrain.

4. Wie jeder im Stall sich einst gefreut, so freuen wir uns alle heut.
Gott hat uns den eigenen Sohn gegeben. Er schenkt uns Liebe und neues Leben.
Wir feiern Weihnachten Jahr für Jahr und denken daran, wie`s damals war.

Refrain.

Hinweis: hier in F-Dur.

Nimm deine Träume

Text: Elke Bräunling, Musik: Stephen Janetzko; CD "Ich schenk dir einen Stern"
© Edition SEEBÄR-Musik Stephen Janetzko, www.kinderliederhits.de

2. Abend für Abend
kannst die Sterne du sehn,
wie sie dir winken und blinken.
Auf nächtlicher Reise
bleiben nirgendwo sie stehn
auf weitem Weg, immer weiter.

Refrain: Weit, weit, so grenzenlos weit …

3. Hell scheint das Mondlicht
durch dein Fenster herein,
lockt dich mit Glimmern und Schimmern.
Auf mystische Weise
lädt es dich zum Träumen ein
zu einer Reise ganz leise.

Refrain: Weit, weit, so grenzenlos weit …

Ach, Mutti, wann ist es soweit?

Text: Rolf Krenzer; Musik: Stephen Janetzko; CD "Ich schenk dir einen Stern"
© Edition SEEBÄR-Musik Stephen Janetzko, www.kinderliederhits.de

2. Ach, Mutti, ist es jetzt soweit?
Spiel noch ein bisschen! Es ist noch viel Zeit!

3. Ach, Mutti, ist es jetzt soweit?
Erst noch das Süppchen! Es ist noch viel Zeit!

4. Ach, Mutti, ist es jetzt soweit?
Mach noch ein Schläfchen! Es ist noch viel Zeit!

5. Ach, Mutti, ist es jetzt soweit?
Es ist noch nicht dunkel! Es ist noch viel Zeit!

6. Ach, Mutti, ist es jetzt soweit?
Sag, hörst du das Glöckchen? Jetzt ist es soweit!

Hinweis: hier in D-Dur.

Ach, Mutti, wann ist es soweit?

Text: Rolf Krenzer; Musik: Stephen Janetzko; CD "Ich schenk dir einen Stern"
© Edition SEEBÄR-Musik Stephen Janetzko, www.kinderliederhits.de

2. Ach, Mutti, ist es jetzt soweit?
Spiel noch ein bisschen! Es ist noch viel Zeit!

3. Ach, Mutti, ist es jetzt soweit?
Erst noch das Süppchen! Es ist noch viel Zeit!

4. Ach, Mutti, ist es jetzt soweit?
Mach noch ein Schläfchen! Es ist noch viel Zeit!

5. Ach, Mutti, ist es jetzt soweit?
Es ist noch nicht dunkel! Es ist noch viel Zeit!

6. Ach, Mutti, ist es jetzt soweit?
Sag, hörst du das Glöckchen? Jetzt ist es soweit!

Hinweis: hier in G-Dur.

Tiere im Winter

Text: Stephen Janetzko, Musik: Thomas Kornfeld; CD "Ich schenk dir einen Stern"
© Edition SEEBÄR-Musik Stephen Janetzko, www.kinderliederhits.de

Refrain: Tiere im Winter...

2. Viele Vögel flap-flap-flap
ziehn in wärmere Länder ab,
finden sich aus zweitem Heim
erst im Frühling wieder ein.
Fische schwimmen unter Eis,
und was echt nicht jeder weiß:
Fährst du Schlittschuh auf dem See,
schlürfen sie längst Algentee.

Refrain: Tiere im Winter...

Tiere im Winter

Text: Stephen Janetzko
Musik: Thomas Kornfeld

Refrain:
Tiere im Winter,
in Eis und bei Schnee,
wo sind sie hin da,
wenn ich sie nicht seh?
Tiere im Winter,
ist denen nicht kalt,
so ganz ohne Heizung
in unserem Wald,
in unserem Wald?

1. Manche graben sich ein Loch,
bauen Höhlen, sammeln noch
Laub und Zweige plus ne Nuss
für den Winterschlafgenuss!
Macht der Schnee die Felder hell,
kriegt die Katze Winterfell.
Hat sie Ausgang aus dem Haus,
nimm Reißaus, du kleine Maus!
Tiere im Winter...

2. Viele Vögel flap-flap-flap
ziehn in wärmere Länder ab,
finden sich aus zweitem Heim
erst im Frühling wieder ein.
Fische schwimmen unter Eis,
und was echt nicht jeder weiß:
Fährst du Schlittschuh auf dem See,
schlürfen sie längst Algentee.
Tiere im Winter....

Hinweis: hier in einer Version für Chöre.

Tiere im Winter

Tiere im Winter

Refrain:
Tiere im Winter,
in Eis und bei Schnee,
wo sind sie hin da,
wenn ich sie nicht seh?
Tiere im Winter,
ist denen nicht kalt,
so ganz ohne Heizung
in unserem Wald,
in unserem Wald?

1. Manche graben sich ein Loch,
bauen Höhlen, sammeln noch
Laub und Zweige plus ne Nuss
für den Winterschlafgenuss!
Macht der Schnee die Felder hell,
kriegt die Katze Winterfell.
Hat sie Ausgang aus dem Haus,
nimm Reißaus, du kleine Maus!
Tiere im Winter...

2. Viele Vögel flap-flap-flap
ziehn in wärmere Länder ab,
finden sich aus zweitem Heim
erst im Frühling wieder ein.
Fische schwimmen unter Eis,
und was echt nicht jeder weiß:
Fährst du Schlittschuh auf dem See,
schlürfen sie längst Algentee.
Tiere im Winter....

Hinweis: hier in einer Version für Klavier.

Frohe Weihnacht

Text und Musikbearb.: Stephen Janetzko; Musik: trad.; CD "Ich schenk dir einen Stern"
© Edition SEEBÄR-Musik Stephen Janetzko, www.kinderliederhits.de

(1) Fro-he Weih-nacht, (2) lie-be Leu-te, (3) mei-nen Frie-den (4) geb ich heu-te.

Frohe Weihnacht, liebe Leute, meinen Frieden geb ich heute.

Anregung und Textvarianten von Stephen Janetzko:
Für diesen schönen Kanon nach der bekannten Melodie von "Froh zu sein bedarf es wenig" könnt ihr euch noch die verschiedensten Textvarianten selber einfallen lassen.
Hier einige weitere Varianten zur Auswahl für verschiedene Anlässe, Tages- und Jahreszeiten (auch hier kann untereinander kombiniert werden):

Für die Sonne:
Liebe Sonne, schick doch wieder deine Strahlen auf uns nieder.
Sonne, Sonne, schick bald wieder, goldne (warme) Strahlen zu uns nieder.

Zu den Tageszeiten:
Guten Morgen, liebe Leute, meinen Frieden geb ich heute.
Guten Tag, ihr lieben Leute, danke für das schöne Heute.
Guten Tag, ihr lieben Leute, meinen Frieden geb ich heute.
Guten Abend, liebe Leute, meinen Frieden geb ich heute.
Gute Nacht, ihr lieben Leute, meinen Frieden geb ich heute.
Gute Nacht, ihr lieben Leute, danke für das schöne Heute.

Zu den Jahresfesten:
Frohe Ostern, liebe Leute, meinen Frieden geb ich heute.
Frohe Pfingsten, liebe Leute, meinen Frieden geb ich heute.
Frohe Weihnacht, liebe Leute, meinen Frieden geb ich heute.

Zum Abschied:
Alles Gute, liebe Leute, schönen Heimweg wünsch ich heute.
Tschüs, bis bald, ihr lieben Leute, schönen Heimweg wünsch ich heute.

Für den Gottesdienst:
Lieber Gott, wie tausend Sterne und noch mehr, hast du mich gerne.
Wie im Himmel so auf Erden, lass uns deine Jünger werden.

Mutig, stark und weise

Text und Musik: Stephen Janetzko; CD "Ich schenk dir einen Stern"
© Edition SEEBÄR-Musik Stephen Janetzko, www.kinderliederhits.de

Sei mutig, stark und weise
auf deinem Weg,
wohin dich auch das Leben führt.
Bleib dir treu und sei gewiss
- ganz gleich, was auch passiert - :
Dass ein Engel dich begleiten wird.

Hinweis:
Als Schutzkanon z.B. zum Abschied.
(1) Sei mutig, stark und weise auf deinem Weg,
(2) wohin dich auch das Leben führt.
(3) Bleib dir treu und sei gewiss
(4) - ganz gleich, was auch passiert - :
(5) Dass ein Engel dich begleiten
(6) wird.

Die CD zum Buch:

Stephen Janetzko:
CD Ich schenk dir einen Stern
- 25 Winter- und Weihnachtslieder
ISBN 978-3-95722-321-0
Best.-Nr. 91033-294

Kerzen, Sterne, Engel, Advent, Nikolaus, das Jesuskind, Schnee und die Tiere im Winter.

25 neue und bewährte Kinderlieder zur Weihnachtszeit für Kita, Kindergarten, Schule und zu Hause. Gut nachzusingen, leicht lern- und vielseitig einsetzbar oder zum gemütlichen Anhören zur schönsten Zeit des Jahres.

Alle enthaltenen Lieder:
1. Ich schenk dir einen Stern 3:03
2. Kerzen leuchten überall 2:19
3. Der Advent ist da 3:02
4. Zünd die erste Kerze an 2:43
5. Weihnachten ist bald (Jingle Bells) 3:16
6. Nikolaus, komm zu mir nach Haus 1:43
7. Schnee, Schnee, Schnee 3:37
8. Mein bester Freund, mein Engel 2:53
9. Kommst du mit nach Bethlehem? 2:48
10. Sternchen, Sternchen 3:31
11. Lasst uns auf Engel hören 2:23
12. Wenn die Tage kürzer werden 2:41
13. In der Weihnachtsnacht 1:59
14. Kommt, wir feiern Weihnachten 4:20
15. Engelchen, Engelchen 3:22
16. Engel fliegen höher 3:20
17. Mein klitzekleines Weihnachtssternchen 2:39
18. Hallo, ich bin Maria 2:29
19. Ein Stern für dich 3:03
20. Singt mit uns von der Weihnachtsnacht 4:33
21. Nimm deine Träume 3:20
22. Ach, Mutti, wann ist es soweit? 1:25
23. Tiere im Winter 2:27
24. Frohe Weihnacht 1:14
25. Mutig, stark und weise 2:14
Gesamtspielzeit: ca. 70:15 min.

Stephen Janetzko
(Autor, Liedermacher und Verleger)

Mit einer 20-minütigen MC „Der Seebär" fing alles an, heute sind es weit über 600 Kinderlieder, die der gebürtige Hagener Liedermacher bereits auf über 50 CDs und in zahllosen Liedsammlungen veröffentlicht hat. Viele davon, wie „Hallo und guten Morgen", „Wir wollen uns begrüßen", „Augen Ohren Nase", „Das Lied von der Raupe Nimmersatt", „Hand in Hand" oder „In meiner Bi-Ba-Badewanne", werden heute gesungen in Kindergärten, Schulen und überall, wo Kinder sind.

... mehr Info, mehr CDs, mehr Lieder & Noten:
www.kinderliederhits.de

**... mehr Info, mehr CDs, mehr Lieder & Noten:
www.kinderliederhits.de**

Alle Rechte vorbehalten.

Dieses Werk ist urheberrechtlich geschützt. Jegliche Vervielfältigung und Verwertung ist nur mit Zustimmung der Autoren bzw. des Verlags zulässig. Das gilt insbesondere für Übersetzungen, die Einspeicherung und Verarbeitung in elektronischen Systemen sowie für das öffentliche Zugänglichmachen wie zum Beispiel über das Internet.
Ein Nachdruck oder eine Weiterverwertung ist nur mit schriftlicher Genehmigung des Verlags möglich.

© Verlag Stephen Janetzko, **www.kinderliederhits.de**

Printed in Poland
by Amazon Fulfillment
Poland Sp. z o.o., Wrocław